DES PÉTITIONS.

DISSERTATION

Par EUSÈBE SALVERTE,

Suivie de considérations sur L'IMMUTABILITÉ DE LA CHARTE CONSTITUTIONNELLE.

IMPRIMERIE DE P.-F. DUPONT, HOTEL DES FERMES.

DES PÉTITIONS.

DISSERTATION

PAR EUSÈBE SALVERTE,

SUIVIE DE CONSIDÉRATIONS SUR L'IMMUTABILITÉ DE LA CHARTE CONSTITUTIONNELLE,

PAR LE MÊME.

PARIS,

CHEZ BRISSOT-THIVARS, à la librairie constitutionnelle, rue Neuve-des-Petits-Champs, n° 22.
DELAUNAY, L'ADVOCAT, libraires, au Palais-Royal.

1819.

DES PÉTITIONS.

> *Fides, in præsentia, quibus resistit offendit; deindè ab illis ipsis suspicitur laudaturque.*
>
> (PLIN., *Epist. III*, 9.)

PARAGRAPHE PREMIER.

Je ne m'arrêterai point à prouver l'existence du droit de pétition. Il émane de la nature; la compassion, qui nous fait partager les maux de nos semblables, est le plus bel attribut de l'humanité.

Qu'est-ce que le cri d'un homme souffrant? Un appel à la pitié des autres hommes; la demande de soulager la douleur, de réprimer l'injustice qu'il éprouve.

Pour les membres d'une société, cette demande prend un nouveau degré d'importance; y condescendre n'est plus uniquement le besoin d'un homme sensible, c'est le devoir d'un citoyen équitable. Adressée à l'homme investi du pouvoir, elle devient sacrée: le pouvoir n'est institué que pour la prévenir ou la satisfaire.

Tous les chefs de gouvernement doivent reconnaître cette vérité; depuis le magistrat modeste, qui proclame que sa suprématie temporaire émane de la souveraineté et du choix du peuple, jusqu'au monarque absolu qui fait dériver sa puissance de l'ordre immédiat de la divinité. Le *grand seigneur*, à Constantinople, reçoit les requêtes qu'on lui présente, tous les vendredis, en se rendant à la mosquée: la religion lui dit ce que dit la loi au président des États-Unis d'Amérique.

On a reproché avec raison à la Russie la loi qui, en permettant de porter des appels devant le czar, punissait de mort l'auteur d'un appel mal fondé. Le Gouvernement doit supporter l'erreur, et la croire involontaire. Quand la passion m'aveugle sur mes droits, pourquoi êtes-vous constitué au-dessus de moi, si ce n'est pour juger mes droits sans passion. Si vous êtes l'ouvrage des hommes, faillible comme tout autre homme, songez qu'en repoussant la plainte par l'effroi des peines infligées à l'erreur, vous risquez d'opprimer la vérité. Si vous émanez de Dieu, rendez-nous la justice de Dieu, et sa longanimité que n'ont jamais lassée ni offensée les prières des malheureux!

§. II. Une erreur aussi funeste que commune est celle de l'homme puissant, qui se croit bienfaisant envers l'opprimé qu'il daigne écouter, lorsqu'à peine il commence à être juste.

Cette erreur découle naturellement de l'orgueil de l'homme qui regarde son élévation comme inhérente à lui, et n'ayant d'autres rapports avec le sort des autres hommes que ceux qu'il veut bien lui assigner; mais elle est encore entretenue par le style ordinaire des demandes : l'infortune est timide, et l'expérience lui apprend rarement à se rassurer ; elle implore la justice comme une grâce.

Une équivoque introduite par le temps n'a pas peu contribué à rendre plus humble et plus serviles les formules de nos réclamations.

Un *placet*.... Qu'il *vous plaise*.... *Tel est notre bon plaisir :* Ces expressions emportent aujourd'hui l'idée d'une décision dépendante uniquement de la volonté de celui qui la prononce; elles ne désignaient originairement qu'une conformité reconnue à la vérité, à la justice: sans nous jeter dans des discussions grammaticales, citons en preuve un fait qui n'admet point de réplique. Dans les sessions des conciles, pour donner un suffrage affirmatif, chaque votant dit: *Placet!... Il me plait.* Croira-t-on que, pour rendre des décisions qui doivent être inspirées par l'esprit saint, des prêtres, des pontifes, aient adopté une formule qui exprime une volonté arbitraire?

Le publiciste prononce hardiment que « ce » n'est point pour sa propre satisfaction qu'un » roi est institué, mais uniquement pour assurer » le bonheur et la tranquillité des sujets (1). » L'homme religieux croirait commettre une impiété s'il pensait que Dieu, qui place les hommes sous les ordres du prince, les livre à son caprice, au-lieu de les confier à sa justice : « Sans la justice, s'écrie-t il, la royauté n'est » qu'un grand brigandage (2)! »

Quelqu'opinion que l'on embrasse sur l'origine du Gouvernement, il ne peut y en avoir qu'une sur son but; le plus grand bien possible des gouvernés : c'est, dans les deux cas, la même obligation d'être strictement équitable et de ne rien négliger pour l'être *en parfaite connaissance de cause;* dans les deux cas, l'arbitraire est également exclus de l'exercice légitime du pouvoir; rien ne s'y rapporte aux passions de l'homme, tout à son devoir, qui est la justice de tous les détails et de tous les moments.

Me reprochera-t-on de me traîner sur une vérité triviale? Heureux mon pays, si le reproche est fondé; si, dans chaque degré du pouvoir,

(1) XÉNOPHON, *De factis et dictis memor.* SOCRAT. lib. III.

(2) *Remotâ justitiâ, quid sunt regna, nisi magna latrocinia?* (SAINT-AUGUSTIN, *De civitate Dei.* lib. IV).

chaque fonctionnaire prouve par sa conduite qu'il se reconnaît le *débiteur* du suppliant qui le vient implorer.

§ III. Le *débiteur !* L'expression n'a rien d'exagéré. Il n'est pas une pétition qui n'impose à l'homme puissant l'obligation de s'assurer si elle est fondée, et, si elle l'est, d'y satisfaire sans délai....; car la lenteur est déjà l'injustice.

Quoi ! la demande d'une grâce, d'une faveur, d'un secours ?

Que je sollicite ce que la loi m'accorde ou que je réclame contre la vexation dont elle doit me défendre, c'est toujours une *dette* de la société envers moi; c'est l'exécution d'une des clauses du pacte social.

Un *secours*.... même entre particuliers. Un moraliste rigoureux soutiendra que la concession d'un secours n'est jamais gratuite ; que la bienfaisance n'est qu'une compensation de la garantie de l'inégalité des fortunes..... Mais laissons dans le domaine de la conscience des rapports privés qu'elle seule a le droit de régler.

Si la garantie des fortunes les plus inégales impose aux particuliers l'obligation de secourir l'indigence, une telle obligation est plus forte encore pour la société entière; le redressement subit de ces inégalités opérerait son renversement.

Constater la réalité du besoin ; le secourir de

la manière la plus conforme à l'intérêt social; et, s'il se peut, en prévenir le retour (1); ces diverses fonctions ne présentent rien d'arbitraire, rien qui laisse la liberté de la concession ou du refus. Cette liberté n'existe pas non plus pour la proportion du secours. L'homme puissant peut, comme tout autre, se montrer généreux de ce qui lui appartient, pourvu qu'il ne passe pas les bornes fixées par ce qu'il doit à sa compagne, à ses enfants, à ses proches; mais il ne peut disposer de l'argent de l'État que pour payer une dette, récompenser un service, salarier un talent utile.

La *faveur* est un mot ou une iniquité. Une place vacante doit toujours être donnée *au plus digne*. Pour se guider dans l'estimation de cette qualité et se préserver de l'influence des passions personnelles, l'homme puissant consulte l'*an-*

---

(1) Secourir le malheur n'est point entretenir la mendicité. Distinguons une juste bienfaisance de ce résultat funeste qui tient souvent, comme en Angleterre, au mode de distribution des secours; souvent aussi aux intérêts des hommes qui les distribuent et qui savent se faire des mendiants une milice soldée par le corps social pour servir contre lui-même. Ce sujet fournirait la matière d'un bon ouvrage. Un mot ici suffira : *prévenir* la mendicité, c'est s'assurer le droit et s'éviter le besoin de la *réprimer*.

cienneté et les *services*. Entre les compétiteurs, s'il préfère le second en mérite, il est injuste envers le premier, et coupable envers la chose publique. Les places même qui ouvrent l'entrée d'une carrière, ne tombent pas dans le domaine de l'arbitraire. Des *examens* pour l'admission à l'École polythecnique, des *concours* pour l'obtention des chaires importantes, ont constamment fourni de meilleurs choix entre des concurrents nombreux. Les moindres places, dans l'administration de l'Enregistrement, ne s'obtenaient qu'après un *surnumérariat* gratuit de plusieurs années : là encore se présentaient, pour décider les premières nominations, l'*ancienneté* et le *mérite du travail* (1). L'exacte justice n'est difficile que quand on se soucie peu d'être juste.

Les *grâces* auxquelles ce nom est particulièrement affecté, et qui consistent à remettre ou à commuer une peine prononcée par les organes de la loi, ne sont pas plus dépendantes d'une volonté arbitraire. Ce n'est point pour satisfaire les penchants du chef de l'État que le droit de faire

(1) Si les demandes de *brevets* de *surnuméraires* devenaient plus nombreuses que les places, il suffirait d'exiger préalablement des compétiteurs un certain degré d'instruction et d'éducation, pour trouver aussitôt entre eux de justes motifs de préférence.

grâce est remis en ses mains ; ce droit est destiné à remédier, soit aux erreurs des juges, soit à l'impossibilité où ils se trouvent d'absoudre, aux termes du Code, certaines actions que l'équité naturelle déclare excusables. Quelquefois, mais bien rarement, des considérations extérieures, que peut seul apprécier le chef suprême du pouvoir, défendent de laisser la loi frapper un coupable. Tous ces motifs, on le voit, loin de prêter à l'arbitraire, se rapportent à la stricte justice, ou à l'intérêt de tous, qui est encore la justice. Et si, dans les cas douteux, le dépositaire de la clémence publique incline la balance du côté du pardon, en suivant ainsi l'inspiration de son cœur et l'impulsion du caractère national, il ne fait encore que se conformer à la justice qui ne punit qu'autant qu'est évidente la nécessité de punir.

§ IV. Les devoirs qui découlent de ces principes ne sont pas imposés aux seuls agents du pouvoir.

Toute pétition juste intéresse l'universalité du corps social.

Aimez votre prochain comme vous-même, dit la religion.

Faites pour votre semblable ce que vous voudriez qu'il fît pour vous, dit la morale naturelle.

La cité la plus heureuse, dit la philosophie politique, est celle dont tous les membres ressentent et poursuivent une injustice particulière aussi vivement que celui qui en est la victime (1).

Mêlez-vous de vos affaires..... que vous importe la demande d'un homme que vous ne connaissez pas, qui demeure à cent lieues de vous? — Cet homme est mon semblable, il est mon concitoyen; à ces deux titres, sa cause est ma cause. Votre appel à ma prudence ou à mon apathie est une leçon d'égoïsme; c'est le signal de la désorganisation de la société, dont le principe de vie consiste dans l'intérêt mutuel que se portent tous ses membres. Un maître injuste cherche à isoler ainsi ses esclaves : il craindrait que de leur union ne naquît leur affranchissement. Mais la politique, la morale, la religion, tendent également à rendre plus étroit, dans la société, le lien d'une bienveillance active et réciproque.

Ce lien malheureusement se relâche en proportion de l'étendue que prend le corps social; une population nombreuse permet rarement l'existence de l'intérêt *direct* que tous devraient prendre aux souffrances de chacun; plus rarement encore laisse-t-elle à l'individu isolé la

---

(1) Diogen. Laert. *in Solone*. Plutarch. *Sympos.*

possibilité de vérifier jusqu'à quel point est légitime la plainte qui retentit, par hasard, jusqu'à ses oreilles; mais on aura du moins atteint un point très-important quand l'esprit public si imposant dès qu'il meut une grande masse, prendra sous sa protection le respect dû au droit de pétition, quand, en vertu d'un principe passé en habitude nationale, chacun se croira lésé en voyant repousser, *sans examen*, une réclamation, quand personne ne dira des maux d'autrui : *Que m'importe !*

Pour arriver à des résultats plus spéciaux, il faut chercher le remède au mal dans cet admirable système représentatif qui concilie avec l'étendue d'un État immense, la mesure de liberté qu'oserait à peine espérer l'État le plus borné!

Oui! c'est ici une partie essentielle de la tâche imposée à ces citoyens d'élite, revêtus par nos suffrages de la plus noble des fonctions: ce qui est pour nous un devoir moral, devient de plus, pour eux, un devoir politique. Ce ne sont pas seulement les vœux et la sagesse de la nation, mais aussi ses vertus qu'ils représentent, sa justice, et son humanité!

Depuis trois ans, on a vu affluer les pétitions vers une autorité qui n'a aucun moyen direct d'y faire droit: un instinct secret révélait déjà que dans l'assemblée des députés de la nation devait naître et agir efficacement *le ressentiment général de chaque injustice particulière.*

Il n'est pas de mon sujet de retracer historiquement l'accueil que les pétitions ont reçu, ni d'examiner si toujours il a été tel que le prescrivait l'opinion publique, tel que des événements subséquents, et même des décisions judiciaires, ont prouvé qu'il aurait dû être : je ne m'occupe point de la critique du passé, mais des espérances de l'avenir.

Chaque jour nous familiarisera davantage avec les habitudes du régime constitutionnel; et désormais la voix des pétitionnaires ne retentira pas sans fruit à la tribune nationale.

§. V. Examiner sérieusement si une pétition est fondée; et si elle l'est, employer toute son influence pour en assurer le succès; ce n'est point la seule tâche qu'impose sa présentation.

Où l'injustice se commet, où la justice est lente à se rendre, là existe un vice dans ces institutions organiques de l'État, ou dans leur exécution; là existe une loi malfaisante ou imparfaite, ou des fonctionnaires malveillants, négligents ou incapables : ce qui suppose encore insuffisance dans les lois dont la force doit, avant tout, contenir ou réprimer leurs interprètes et leurs agents.

Une pétition ne peut être fondée sans qu'il y ait eu injustice commise, ou retard dans l'obtention de la justice.

Il importe que les citoyens, et surtout les membres de la législature, signalent aux ministres, aux hommes qui constituent le centre d'exécution, tous les cas particuliers de négligence ou de prévarication des fonctionnaires publics.

Ce qui concerne l'insuffisance des lois doit être envisagé d'une manière plus générale.

Chaque recours à la loi devant les tribunaux, chaque procès judiciaire, contribue, par son issue, à former la jurisprudence, cette loi non écrite, plus puissante et plus générale que les lois écrites, par laquelle on détermine l'interprétation et l'application d'une manière conforme aux mœurs, aux usages, aux besoins de la nation. Des praticiens laborieux ont à peine extrait des arrêts les éléments de la jurisprudence, que déjà elle acquiert dans les jugements une voix *consultative;* son autorité est entière, quand elle est sanctionnée par les décisions des tribunaux, et surtout du tribunal suprême (1). Cette auto-

---

(1) Les décisions de la Cour de cassation font autorité aussi long-temps qu'elles ne sont point contredites par une loi formelle.

rité connait pourtant une limite. S'il existe une lacune dans la loi, ou s'il s'y présente une obscurité trop profonde pour être valablement éclaircie par le vote d'un tribunal, il appartient au seul pouvoir législatif de combler le vide, de dissiper le nuage: mais il est encore redevable à la jurisprudence de l'indication du mal auquel il doit porter remède.

Qu'est le plus souvent une pétition? l'exposé et le plaidoyer d'un *procès administratif*.

De l'étude générale des pétitions, on peut donc faire ressortir une *jurisprudence administrative* qui éclaïre à la fois, sur les défauts ou les vides de la loi, et sur les principes exacts ou erronés qui ont été suivis dans son exécution.

Ici néanmoins on doit remarquer une différence essentielle. Les tribunaux sont des intéressés dans les procès particuliers; le fonctionnaire administratif ne se trouve juge, au contraire, qu'après avoir été partie. Les réclamations contre les actes administratifs attaquent les ministres; au moins dans la personne de leurs délégués: est-ce à eux d'y recueillir les principes d'une jurisprudence administrative, propre à perfectionner et les lois et le mode de leur exécution, de manière à fermer tout accès à l'arbitraire? Un effort si généreux, l'espérerons nous d'hommes qu'un penchant naturel entraîne, aujourd'hui comme dans tous les temps, à étendre la puissance dont ils sont revêtus? L'espérerons nous, quand nous entendons professer hautement cette doctrine, si opposée à l'esprit d'un gouvernement constitutionnel, que *l'autorité ne doit jamais avoir tort?*

Ici encore vient à notre secours l'énergie d'une *constitution représentative.* C'est par les soins des hommes chargés de poursuivre la responsabilité des administrateurs, que doit naître et porter des fruits cette précieuse jurisprudence administrative.

§ VI. Deux exemples rendront notre idée plus facile à saisir.

1°. Deux fois a pesé sur la France le fléau d'une invasion ennemie; je n'ai que trop le droit de m'en souvenir. Le département auquel j'appartiens (*l'Aube*) est un de ceux qui en ont le plus souffert. Je passe sous silence les maux particuliers, les outrages, les vols, les réquisitions, les brigandages de toute espèce; mais, puis-je oublier les campagnes dévastées, des villes, des bourgs incendiés, des villages entièrement détruits (1)...... Des secours ont été réclamés; des

---

(1) Nogent-sur-Seine, la Chapelle, le Château-de-Pont, le village de Villiers, le bourg de Merry-sur-Seine, etc., etc., etc. — En 1814, lorsque fumaient en-

indemnités ont été accordées aux départements ravagés...... Proportionnées, sans doute, à la pénurie du trésor public plus qu'à la grandeur des maux soufferts, les *indemnités* ont-elles été régulièrement réparties? Le choix et l'action des hommes qui ont présidé à leur distribution ne se sont-ils pas ressentis de l'influence d'un parti trop puissant à cette funeste époque? Ces questions, relatives au mode d'exécution, doivent être résolues par l'examen des pétitions qui ont encombré les bureaux des préfectures et du ministère.

Voici maintenant la question générale : la loi ne doit-elle pas régler d'avance de quelle manière, en cas d'invasion, l'État entier indemnisera les provinces ravagées par l'ennemi?

L'affirmative n'est pas douteuse : il ne s'agit point ici d'un acte de faveur, mais d'une dette aussi sacrée que la solde des troupes, ou le paiement des subsistances fournies à l'armée.

Suffira-t-il d'accorder, pour plusieurs années, l'exemption de la contribution foncière? Ce

---

core les débris des habitations de mes malheureux compatriotes, je vis étaler à Paris une *caricature* où le récit de leurs désastres était traité de *mensonges imprimés !* Une telle atrocité est bien digne du parti *anti-Français* qui, aujourd'hui encore, s'agite pour rappeler en France les hordes dévastatrices de l'étranger!

moyen, le plus naturel en apparence, et le plus commode, n'est pas, je crois, le plus efficace. Où ne sont plus que des débris et des champs en friche, l'exemption d'impôt n'est pas une concession, c'est un fait nécessaire.

Une somme répartie sur-le-champ, met le pauvre à portée de relever sa cabane, de remonter sa culture, et, dans un temps assez court, de recommencer à contribuer, pour sa faible portion, à l'acquit des charges de l'État (1).....

2° En 1816, des citoyens, accusés de délits politiques, furent condamnés à un bannissement de dix années. Ils s'attendaient à être déportés au-delà des frontières; ils furent renfermés dans la prison de *Pierre-Châtel*. C'est à la fin de 1817 que, du fond de ce tombeau, leurs plaintes parvinrent à se faire entendre. Ils réclamèrent contre une détention, dont leur arrêt même prouvait l'illégalité, et dont leurs souffrances attestaient l'injustice. Le ministre de l'intérieur (2) donna à la Chambre des députés des éclaircissements

---

(1) *Où trouver les fonds nécessaires?*.... Cette question, qu'on ne manquera pas d'élever, peut cependant surprendre dans un pays où les salaires des places supérieures sont énormes, et les places supérieures multipliées à l'excès.

(2) M. Lainé. *Séance du 6 décembre 1817.*

qui déterminèrent à passer *à l'ordre du jour* sur la pétition des détenus. Les puissances étrangères refusaient, dit-il, d'admettre sur leur territoire les bannis français; et l'on n'avait pas dû rendre à la liberté des condamnés, des hommes dangereux et reconnus pour tels. Le ministre traça ensuite, de leur existence en prison, une peinture si consolante qu'elle manquait de vraisemblance. Les parents des détenus ne tardèrent pas à la contredire, et de grandes probabilités appuyèrent leur dénégation (1).

Première question *particulière*. Est-il vrai que *toutes* les puissances étrangères aient refusé de recevoir les bannis français ? Ne peut-on pas nier ce refus, au moins de la part des États-Unis d'Amérique ?

Seconde question *particulière*. Quel traitement ont éprouvé les détenus de *Pierre-Châtel ?* S'il n'a pas été tel que l'a affirmé le ministre de l'intérieur; qui s'est rendu coupable de *mensonge ?* Quels fonctionnaires doivent être accusés d'une malveillance ou d'une négligence coupables ?

Question d'*intérêt général*. Peut-on, comme on l'a fait à l'égard des détenus de *Pierre-Châ-*

---

(1) La mort du jeune MARCHAND, l'un des détenus, été attribuée à la durée et aux rigueurs de sa captivité

tel, commuer une peine sans l'aveu de celui qui y est condamné?

La loi ordonne ou défend, et statue des peines à l'appui de ses dispositions. L'infracteur de la loi est conduit devant un tribunal, jugé, et condamné à la peine *décernée d'avance* contre son délit. A l'exécution de l'arrêt finissent les droits du corps social : c'est la limite que lui-même a posée. — Mais la peine n'est pas exécutable, ou elle entraînerait des dépenses sur lesquelles on ne comptait pas (cette dernière objection a pu être alléguée contre le transport des condamnés aux États-Unis d'Amérique)........ Faites pour l'avenir des lois exécutables; et, en attendant, supportez les conséquences d'une loi imparfaite. Toute commutation de peine à laquelle ne consent point le condamné, est une *aggravation de peine*. Cela est vrai lors même que la commutation paraît une adoucissement; l'homme condamné à mort n'acceptera point d'être envoyé *aux travaux forcés*, si sa conscience lui dit qu'il porte sur l'échafaud une tête innocente, ou si on le punit d'un de ces crimes politiques par lesquels l'honneur est si rarement entaché. A plus forte raison, la commutation de peine répugne aux principes de l'ordre politique autant qu'à la morale, quand l'aggravation est évidente, quant à un *bannissement temporaire* on substitue une *détention* rigoureuse, véritable supplice.

Il serait facile d'étendre les applications du principe. La France a retenti de réclamations qui autorisent à demander s'il ne conviendrait pas *de publier annuellement les listes des électeurs, six mois au moins avant l'époque des élections?..... D'interdire le port d'armes aux militaires, quand ils ne sont pas de service?.... De défendre, sous les peines les plus graves, aux commissaires et aux agents de police, aux gendarmes, à tous les fonctionnaires qui, au milieu des rassemblements populaires, doivent maintenir l'ordre ou le rétablir, d'y paraître autrement que revêtus du costume, du signe distinctif qui les fait reconnaître et respecter?...... De modifier la loi qui, sous prétexte d'empêcher qu'on excite des troubles en semant des nouvelles allarmantes, donne la facilité de punir un témoin dont la déposition trop véridique aura contrarié les désirs de quelques hommes puissants? ect., ect.* Mais nous avons voulu seulement indiquer la manière dont on peut faire sortir de chaque réclamation particulière, des questions d'un intérêt général.

Les réclamations relatives aux *bannis* se sont fait entendre à plusieurs reprises; et, quoique jusqu'à ce jour elles soient restées infructueuses, elles s'élèveront encore avec plus de force et de constance. O combien elles devraient être vives et énergiques, si l'on connaissait tous les détails des souffrances de chacun de nos malheureux concitoyens, et comme ont été souvent violées à leur égard les plus simples lois du droit des gens, les premières notions de l'équité naturelle et de l'humanité (1)!..... Je n'ai pas choisi néanmoins ces réclamations pour exemple, la question particulière est jugée dans l'opinion de la France et de l'Europe. Quant au point de vue général, outre qu'il est permis d'espérer que les conjonctures qui ont amené l'*acte* (2), nommé *loi d'amnistie*, du 12 janvier 1816, ne se renouvelleront jamais; j'affirme sans crainte d'être démenti, que toutes les conséquences à déduire

(2) *Sans doute* les ministres ont ignoré les faits auxquels je fais ici allusion. *Sûrement* ils les ont laissé ignorer au monarque qui nous a donné notre Charte constitutionnelle.

(1) Les publicistes anciens et modernes reconnaissent qu'une LOI ne peut jamais atteindre *immédiatement* les individus. Elle prononce quel sera *à l'avenir* le sort de ceux qui lui obéiront ou lui désobéiront. Son *application* ne peut être faite qu'à des actes *postérieurs* à sa promulgation, et doit être l'ouvrage d'une autorité distincte du pouvoir législatif.

des pétitions présentées pour le rappel des *bannis*, tous les principes dont elles feraient désirer la promulgation solennelle, se trouvent *textuellement exprimés dans* LA CHARTE.

§ VII. Dès que l'examen des pétitions obtiendra l'attention et l'intérêt qu'il mérite, on verra des écrivains zélés s'occuper du travail dont j'ai indiqué les bases, et rechercher, dans toutes les pétitions, moins ce qu'on peut reprocher de défectueux au passé, que les améliorations qu'on doit exiger de l'avenir.

Mais le secours le plus efficace pour le perfectionnement de la législation naîtra, surtout, des pétitions que l'on peut appeler *politiques*, où de bons citoyens, sans réclamer rien individuellement, sollicitent des innovations ou des réformes dont l'expérience leur indique la nécessité.

Jadis de telles pétitions eussent été repoussées avec mépris, et leurs auteurs peut-être châtiés sévèrement (1). Une classe voulait réunir au privi-

(1) On peut considérer comme des pétitions *politiques*, les ouvrages dont le but est de provoquer quelque amélioration dans le régime de la société. Quel était communément leur sort, il y a quarante ou cinquante ans? En 1776, M. de BONCERF, premier commis sous M. TURGOT, écrivit, de l'aveu et peut-être par l'ordre de ce vertueux ministre, un ouvrage très-juste et très-modéré sur *les inconvénients des droits* FÉODAUX. Le parlement de

lége exclusif de la puissance, le privilége exclusif des lumières. Pour le bonheur du genre humain, ce temps a cessé. Les ministres aujourd'hui, et les principaux agents du pouvoir, sont trop éclairés pour se croire *seuls* éclairés; ils sont trop modestes pour oublier que la plupart d'entre eux ont été tirés, par les bienfaits et par les *chances* d'un gouvernement constitutionnel, de cette foule au-dessus de laquelle leurs orgueilleux devanciers se croyaient *jadis* élévés par le hasard de la naissance.

Les pétitions *politiques* seront sans doute accueillies avec empressement par les députés des départements.

Une saine politique interdit aux électeurs le droit de donner aux députés des *mandats impératifs*. L'interdiction s'est étendue jusqu'aux *instructions* purement *consultatives*, dont les délégués du peuple pourraient être rendus porteurs. Sans aborder la question en théorie générale, on peut approuver cette interdiction quand le droit d'élection est aussi resserré qu'en France;

Paris fit brûler le livre au pied du grand escalier du Palais, et décréta l'auteur d'ajournement personnel : il fallut la protection du roi pour le soustraire aux conséquences de cette persécution.

il n'a pas paru juste qu'un si petit nombre de citoyens cumulassent le droit d'élire *pour tous*, et celui d'exprimer les désirs et les opinions *de tous;* mais les députés se trouveraient en quelque sorte isolés de leurs *commettants*, si les pétitions *politiques* ne venaient, sur tous les points importants, leur rappeler les vœux de la nation.

On a voulu, je le sais, trouver l'expression de l'opinion publique dans les avis des *conseils de départements.* D'après la manière dont ces corps sont formés, et dont ils délibèrent, la théorie indique qu'ils répéteront plus souvent les suggestions d'un ministre ou d'un préfet, que la pensée nationale. Leurs avis, rendus publics par la voie de l'impression, ont mis à même de juger si l'expérience confirme la théorie.

En supposant, ce qui est éminemment désirable, une organisation du système municipal, telle que les conseils de département et d'arrondissement, les maires et les conseils municipaux émanassent tous du choix du peuple, et à des intervalles de renouvellement suffisamment rapprochés, on écouterait avec plus de confiance les votes de ces autorités.

Jusque là, et peut-être encore plus tard, à l'abri du soupçon d'intérêt personnel qui frappe les pétitions particulières, et de l'influence que le pouvoir auquel on est subordonné, ou celui qu'on exerce, peut conserver en secret sur l'émission des votes des autorités administratives, les pétitions *politiques* renfermeront l'expression la plus sûre de l'opinion publique.

On les a entendus exprimer avec éclat cette opinion fortement prononcée contre les atteintes dont fut menacée, il y a quelques mois, la loi des élections. L'opinion les avoue pour ses interprètes quand elles réclament l'éternelle abolition des lois d'exception; une organisation vraiment *nationale* des gardes nationales; la réalité *pratique* de la *responsabilité*, et surtout la révocation de la défense *inconstitutionnelle* (1) de prendre à parti aucun agent du pouvoir sans l'autorisation d'un corps qui n'a pas lui-même d'existence constitutionnelle, le Conseil d'état.... Et quand elles s'élèveront contre ces *missions*, contraires à la tranquillité publique, aux mœurs, à la paix des familles, non moins qu'à la protection égale promise par la Charte à tous les cultes; contre la renaissance de ces communautés où des hommes, bravant le vœu de la nature et de la

(1) Les Français, dit la Charte, sont égaux devant la loi, quels que soient, d'ailleurs, leurs titres et leurs rangs.

société, se lient par des vœux indissolubles, et prêtent à d'autres que le chef de l'État des serments plus obligatoires pour eux que les lois de l'État; quand elles combattront la proposition d'un *concordat* aussi désastreux que celui dont l'admission a entaché pour jamais la mémoire de François Ier; quand surtout elles arriveront de toutes parts pour conjurer le Roi et les Chambres de ne point souffrir qu'il soit (comme le bruit se répand) fait des changements aux articles 37 et 38 de la Charte, et pour repousser de prétendues améliorations, dont le résultat serait d'ébranler la base de nos libertés en mettant à la merci de la *majorité d'une voix* (1) la Charte toute entière: qui pourrait n'y pas reconnaître le vœu de la nation, le cri de l'opinion publique?

§ VIII. C'est peu de savoir dans quel sens on doit agir, si on manque de moyens d'action.

La tâche de l'administrateur est facile, il ne tient qu'à lui d'examiner la justice de chaque pétition, et, suivant sa compétence, d'y faire droit dans le plus bref délai.

Cette dernière faculté est interdite au corps représentatif, étranger, par son essence, aux mesures d'exécution.

---

(1) Voyez l'écrit intitulé: *De l'immutabilité de la Charte*, ci-après.

Pour ce qui est intérêt particulier, conservation des droits d'un individu, répression des torts d'un fonctionnaire, le mode adopté par les Chambres est, je crois, le seul praticable; son efficacité dépend de la loi de *responsabilité*. Que cette loi soit ce qu'elle doit être; qu'elle étende autant qu'il est possible le pouvoir des lois au préjudice du pouvoir des hommes, et la discussion des pétitions en présence des ministres, le renvoi d'une pétition au ministre que son objet concerne, suffiront presque toujours pour écarter les réclamations frivoles et assurer le succès de celles qui seront fondées; la publicité d'un *pré-examen* favorable empêchera d'ensevelir dans les cartons des bureaux la réclamation renvoyée au ministre; et le ministre, dans les explications qu'il donnera à la tribune, au sujet d'une pétition, évitera de se laisser tromper par des subalternes et de prendre sur lui la dangereuse responsabilité d'un mensonge. Il m'est impossible de supposer que la fausseté émanât de lui; mentir devant une des branches de la législature, mentir en parlant au nom sacré du Roi, serait un crime de haute trahison.

Mais, des intérêts privés, comment passer aux vues générales, comment faire servir les réclamations particulières à l'amélioration de la législation? Cette tâche semble réservée au seul pouvoir investi de l'initiative des lois.

L'initiative appartient de fait aux trois branches de la législature. En France, la constitution de 1791 la refusa au Monarque, et la constitution républicaine, de l'an III, au Directoire exécutif; la constitution de l'an VIII, au contraire, la confia exclusivement au Gouvernement. La même attribution a été consacrée dans la Charte (1).

La Charte laisse aux Chambres deux moyens d'influer *positivement* sur la législation : les amendements aux projets de lois qui leur sont présentés, et la demande, adressée au Roi, de proposer un projet de loi.

La première voie n'est pas exempte de difficultés. Nous avons vu, depuis cinq ans, combien de fois on s'est trouvé embarrassé pour fixer les limites de l'amendement, de manière à ce qu'il n'empiétât pas sur l'initiative royale, et qu'en

---

(1) La force que confère au trône cette prérogative est, dans mon opinion, plus apparente que réelle, et ses conséquences ne sont pas toutes aussi favorables qu'on le suppose. J'oserais croire préférable, sur ce point, la Constitution anglaise; mais c'est un doute que j'exprime : une question d'un si haut intérêt, ne doit être abordée, *en théorie*, qu'avec une réserve extrême... *en pratique*, personne n'est plus éloigné que moi de proposer des changements à la Charte avant que plusieurs lustres en aient fait sentir la nécessité.

même temps il conservât quelque efficacité. On avait pourtant prévu la difficulté ; c'est à elle que se rattache la nécessité de la sanction du Monarque, dont le refus est destiné à écarter tout projet de loi qu'aurait dénaturé des amendements extra-constitutionnels (1). Une telle réserve a permis d'accorder à la faculté de l'amendement plus de latitude que ne semblait lui en laisser la rigueur des termes. Mais avec cette latitude même, les amendements conduiraient rarement au but que nous voulons atteindre.

La demande d'un projet de loi y arriverait directement ; mais les formes et la discussion qui doivent précéder une demande de ce genre et servir à la préciser, consommeraient trop de temps pour que l'on pût la renouveler souvent. Il faut donc tenir en réserve ce moyen pour les objets d'une importance urgente.

J'oserai indiquer un troisième moyen, qui sera à la fois le plus simple et le plus respectueux pour l'initiative royale.

---

(1) Les lois seront rarement dictées par les circonstances du jour, et plus rarement encore par des circonstances variables pour rendre dangereux aujourd'hui ce qui hier paraissait utile. Hors ce cas et celui du changement total opéré par les amendements, le refus de sanction pour une proposition émanée du trône prouverait une versatilité puérile qu'il est impossible de supposer.

Recueillir toutes les *indications* que fourniront, pour des améliorations législatives, les pétitions d'un intérêt individuel et les pétitions politiques; en former un corps de renseignements, qui, à la fin de chaque session, sera déposé au pied du trône, légué au zèle de la session suivante, et, en attendant, proposé pour objet aux travaux législatifs des ministres et aux méditations des citoyens.....ce ne sera point une innovation, mais le renouvellement et le perfectionnement de ces *cahiers* que présentaient autrefois à nos rois les États-Généraux. On y trouverait un ensemble et une étendue de vues que ne pouvaient offrir les anciens *cahiers* rédigés sous l'influence d'intérêts trop divers et trop discordants. La periodicité des sessions de la législature ne permettrait point qu'on laissât, comme autrefois, les *cahiers* périr dans l'oubli, et que leur utilité se bornât encore à dévoiler nos maux sans en amener le remède.

§ IX. Une fois adoptée, cette mesure se perfectionnerait, et bientôt porterait des fruits précieux. Nous avons indiqué comment les pétitions particulières pouvaient servir l'intérêt général. Mais, en même temps, comme elles indiquent presque toutes quelque vice dans les moyens d'exécution, les administrateurs, sûrs qu'elles ne seraient pas désormais écartées sans examen, s'appliqueraient à les prévenir: ils n'y réussiraient qu'à force de justice et d'exactitude; c'est-à-dire, en améliorant chaque jour la condition des administrés.

Les pétitions politiques acquerraient plus d'importance, et par le soin qui présiderait à leur rédaction, et par la variété et la grandeur de leur sujet. L'esprit public qui, jusqu'à présent, n'a guère porté en France son énergie que sur les événements majeurs, se développerait dans ce sens nouveau; et avide de perfectionnements, embrasserait la civilisation toute entière, depuis ses bases jusqu'aux conséquences les plus détaillées de ses principes. Ici, la comparaison des jugements criminels, rendus en plusieurs années, fera reconnaître un vide ou un défaut dans la législation pénale; là, des recherches sur la prospérité manufacturière et l'état de l'agriculture dans un certain nombre de départements indiqueront ce qu'on doit ajouter au système d'instruction publique pour créer ou compléter *l'éducation industrielle*. Rien ne restera stérile, tout se rattachera à l'amélioration de l'avenir. La certitude de devenir utile en disant la vérité créera à la vérité de zélés interprètes dont les travaux, épurés par la comparaison et la réflexion, fourniront des matériaux intéressants aux *cahiers* des chambres représentatives.

Observons que, dans ce *budget* annuel de l'opinion publique, il serait aussi politique que juste de faire figurer exactement les vœux de la minorité! L'opposition *avouée* est toujours salutaire. Dictée par des motifs purs, elle provoque des discussions qui, à la longue, doivent amener le triomphe de la vérité. L'opposition est-elle de mauvaise foi? Elle réveille, par le tumulte de la contradiction, cette majorité immense que, partout, l'amour du repos et, en France, la confiance et la générosité nationales livrent si facilement aux hommes qui, pour l'enchaîner, l'endorment par des protestations perfides de concorde et d'humanité.

Rapprochée, d'ailleurs, des vœux de la minorité, la volonté de la majorité acquerrait plus de force, par la loyale comparaison des masses. C'est ainsi qu'aujourd'hui on peut distinguer en France la majorité voulant la monarchie constitutionnelle, la Charte et ses conséquences, sans réserve et sans modifications; et la minorité, au contraire, employant tour-à-tour et les menaces et les plaintes fallacieuses, et la fourberie et la trahison (1) pour anéantir

(1) Voyez la *Note secrète, exposant les prétextes et le but de la dernière conspiration* (in-8°, Paris, 1818).

la Charte, et, *par l'influence de l'étranger*, courber le prince et le peuple sous le joug féodal et sacerdotal. Que l'on effectue le dénombrement des votes : aux mots vagues de *majorité*, *minorité*, il faudra substituer : ici LA NATION, réunie, améliorée, agrandie par le malheur ; là, UN PARTI « avide de nuire, atroce dans la vengeance, implacable à présent et à jamais ; agité d'un désir furieux de rebellion, et brûlant de la soif de la domination » (1), mais peu redoutable par le nombre, peu dangereux par les talents, trop emporté pour user d'adresse, trop orgueilleux pour profiter de l'expérience, n'ayant d'audace que l'espoir de l'impunité, n'élevant pas sa politique plus haut que l'hypocrisie, qui

---

« Cette pièce, dit l'éditeur, réunit les trois caractères d'un *acte de souveraineté*, d'un *manifeste* et d'un *plan de conspiration*, en un mot d'un *crime de trahison envers la nation et le roi*....... » Tous les Français en ont porté le même jugement. J'ignore ce qui a empêché les tribunaux de connaître d'un *crime d'état* et d'une *rebellion* si notoire : à défaut de dénonciation directe, n'était-ce pas le cas d'ordonner au ministère public de *poursuivre d'office ?*

(1) « *Nocendi cupiditas, ulciscendi crudelitas, implacatus et implacabilis animus, feritas rebellandi, libido dominandi.* » (SAINT-AUGUSTIN. Contra Faustum). Ces traits rassemblés par un père de l'église pour peindre le fléau le plus funeste au genre humain, caractérisent parfaitement le parti *anti-français*.

calomnie, assassine et conspire en criant *morale* et *religion !*

Avant d'examiner les effets politiques d'une telle comparaison, il importe de discuter une objection que l'on ne manquera pas de nous opposer et qui est propre à frapper les esprits superficiels.

§ X. Cette rigueur de principes, dira-t-on, est admissible en théorie; mais chimérique et ridicule en pratique. En s'y astreignant, *il devient impossible de gouverner.*

— Oui !... de *gouverner arbitrairement.*

S'il pouvait exister des magistrats décidés à frapper d'impuissance en faveur d'un parti, les lois dont ils aggraveraient la rigueur pour accabler les citoyens; prodigues envers ceux-ci d'arrestations, de mises *au secret,* d'emprisonnements interminables; résolus de maintenir, contre les plaintes les plus justes, des fonctionnaires convaincus d'excès de pouvoir révoltants; capables d'ajouter l'ignominie à la peine correctionnelle d'un écrivain convaincu tout au plus d'imprudence, en le forçant de revêtir le costume attribué aux peines infamantes, s'il pouvait exister des magistrats qui, non contents de châtier avec la dernière rigueur les moindres mouvements où aurait été prononcé le mot de liberté, fissent naître de pareils mouvements pour se complaire ensuite à verser le sang d'hommes égarés par eux-mêmes; qui dans le même temps, souffrissent l'organisation militaire d'hommes armés, porteurs d'une autre cocarde que celle de l'État, et frappassent d'une condamnation juridique des témoins, parce que, interrogés sur la foi du serment, ils auraient dénoncé ces rassemblements; qui ne fissent aucune information contre les auteurs d'assassinats commis dans la capitale, aucune démarche pour punir les massacres qui auraient inondé de sang les provinces; qui ne daignassent pas apercevoir des protestations publiées contre la Charte constitutionnelle par des prêtres et des nobles, ni même dénoncer aux tribunaux une *correspondance* soutenue pendant trois ans dans l'intention de replacer le Roi et la patrie sous la puissance de l'étranger..... si, dis-je, il pouvait exister des magistrats qui appelassent tout cela *gouverner;* j'avoue que leur politique serait contrariée par le respect rigoureux du droit de pétition, l'examen scrupuleux des pétitions particulières, la discussion de leurs conséquences; la publicité des pétitions politiques, la proclamation annuelle des résultats des unes et des autres.... ; et ce serait une raison de plus d'insister pour obtenir toutes les applications de nos principes.

Mais le magistrat intègre, à qui sa conscience reprocherait une erreur même involontaire, et qui désirerait que l'action de *gouverner* se bornât constamment à ouvrir le livre de la loi et à suivre ses paroles sacrées, sans être réduit jamais à en interpréter ou à en étendre le sens : celui-là bénira une publicité qui, chaque jour, l'entourant de nouvelles lumières, lui rendra son devoir mieux connu et plus facile à remplir. Il se félicitera en voyant restreindre par elle un pouvoir *discrétionnaire* dont l'étendue l'effraie, et qui l'expose non-seulement à des erreurs, qu'après tout sa prudence peut prévenir, mais encore à des demandes continuelles d'égards, de ménagements, de faveur, c'est à dire d'injustice, à des sollicitations continuelles que toute sa fermeté a peine à repousser.

Ici donc le bien se trouve encore où l'on voulait nous faire craindre le mal. Lumière dénonciatrice élevée au-dessus de la tête du magistrat mal-intentionné, la publicité des pétitions devient un phare bienfaisant pour le magistrat digne de ses fonctions.

§ XI. Au-delà de cet avantage particulier, dont l'importance s'accroîtra en raison de sa répétition quotidienne sur tous les points de la France, l'homme d'état en aperçoit un autre plus général et d'un ordre plus élevé.

La puissance d'un Gouvernement n'est pas dans sa force physique, mais dans l'opinion qu'il fait concevoir de lui; un despote même règne moins par l'étendue de ses moyens de coaction que par l'idée de prépondérance invincible attachée généralement à ces moyens. Il peut les léguer tous à son successeur, sans que celui-ci, destitué de l'appui de l'opinion, se maintienne un seul jour au même degré de pouvoir.

Mais le principe s'applique surtout aux Gouvernements constitutionnels. Soutenus par l'opinion, leur vigueur est incalculable; privés de cet appui, ils n'aperçoivent autour d'eux que des orages et des abymes.

Nous avons vu que la publicité des pétitions est le champ de victoire de l'opinion. Si quelque chose eût pu soutenir la royauté constitutionnelle de 1791, les célèbres pétitions des *vingt mille* et des *huit mille* auraient eu ce pouvoir. Je n'en veux pour preuve que l'acharnement avec lequel les signataires de ces pétitions ont été persécutés, à plusieurs reprises, par les adversaires du trône.

Notre position heureusement est bien différente aujourd'hui.

L'étranger regarde d'un œil d'envie un pays qu'il a cru abymé sans ressource; et qu'après tant de malheurs, le courage et l'industrie de ses habitants ont reporté déjà à un haut degré de prospérité; un pays qui, malgré tant d'éléments de troubles, marche d'un pas affermi dans la route d'une liberté constitutionnelle L'étranger n'a jamais eu l'espoir de nous asservir que quand il a vu l'opinion publique incertaine, divergente, entraînée par les passions et les resentiments hors de la ligne des intérêts nationaux. Dès que la liberté et la publicité *avouée* des pétitions politiques lui prouveront que l'opinion est toute *nationale*, et *presque* unanime, ne craignons pas qu'il songe à nous attaquer ou à dicter des lois à notre Gouvernement. On sait trop bien en France combien a pesé dans la balance l'opinion générale des Français, lorsqu'a été discutée et résolue l'évacuation de notre territoire.

Faut-il tracer un tableau de l'Europe, mesurer la force de chaque État, calculer les combinaisons qui pourraient amener une nouvelle coalition contre la France, et un dénombrement où nos provinces deviendraient les équivalents de cessions faites ou à faire dans d'autres parties du continent? Il serait facile de démontrer, par la balance des intérêts respectifs, que ces *possibilités* de 1815 sont des rêves en 1819. Une notion plus simple encore suffit pour repousser de pareilles craintes. L'expérience a montré ce que sont les guerres *nationales*; que la force de l'opinion publique devienne aussi notoire qu'elle est réelle (nous en avons indiqué le moyen), et personne, en Europe, ne sera tenté de provoquer trente millions de Français.

Mais la force même de cette opinion ne nous met-elle pas en danger? On insinue (*par ce qu'on le désire*) que les puissances étrangères s'en alarment ou doivent s'en alarmer pour la stabilité de leurs trônes. Jamais mensonge plus absurde n'a été proféré avec une intention plus atroce. La France, tout le monde le sait, a trop besoin de repos pour qu'on la puisse soupçonner de chercher à allumer des troubles révolutionnaires qui ne compromettraient pas moins sa liberté intérieure que son indépendance extérieure. Les peuples qui, en vertu de promesses solennelles, réclament des gouvernements con stitutionnels, et qui n'ont obtenu ces promesses qu'en se délivrant, à main armée, de l'influence française, ont prouvé qu'ils n'attendaient pas sur ce point une initiative étrangère, et qu'ils obéissaient au mobile le plus noble, *l'esprit national.*

Qui donna naissance à ces insinuations sinistres? Le parti qui seul rompt l'unanimité en France. Il n'a pour lui que *des souvenirs* qui même ne lui appartiennent pas, et qu'il usurpe sur le passé. Ces souvenirs lui ont valu d'immenses bienfaits. Ne peut-il se contenter de tant de preuves d'une munificence auguste qui a dépassé de bien loin tout ce que prescrivait la reconnaissance? Ne peut-il renoncer enfin, à troubler la paix intérieure et extérieure? Oui, ce parti cessera d'inspirer de la confiance aux étrangers qu'il appelle, et de mettre en eux son espoir, il cessera d'inquiéter par son opposition intéressée et ses prétentions féodales, un Gouvernement qui veut bien le ménager, et à l'exception de quelques *incurables*, il se fondra peu à peu dans la masse du peuple constitutionnel à mesure que la comparaison de la majorité et de la minorité lui fera mieux sentir son impuissance, et que la direction ferme et incontestable de l'opinion publique, prouvera mieux qu'il n'y a en France que des citoyens *égaux devant la loi*, et personne qui consente à redevenir le *vassal* d'un seigneur ou d'un prêtre.

DE L'IMMUTABILITÉ

DE LA

CHARTE CONSTITUTIONNELLE.

« *O navis, referent in mare te novi*
» *fluctus! O quid agis? Fortiter*
» *occupa portum!......* »

(HORAT. Od. lib. I. 14.)

DES bruits circulent : ils ont répandu l'alarme dans le cœur des Français. On annonce que des propositions seront faites à la prochaine session des Chambres; propositions directement contraires au texte de la Charte constitutionnelle. Ces bruits, sans doute, n'ont aucun fondement. On ne doit les considérer que comme l'expression des désirs du parti anti-français, et non pas même de ses espérances. Mais doit-on pour cela ne leur opposer que le silence du dédain? Je ne le pense pas. Rien ne nous doit être indifférent de ce qui touche à nos chères libertés; plus nous nous en montrerons jaloux, et plus nous en serons dignes.

Doubler le nombre des membres de la Chambre des députés;

Leur accorder une indemnité;

Fixer à trente ans l'âge nécessaire pour être éligible à la Chambre des députés;

Changer le mode de renouvellement de cette Chambre; porter à sept années la durée des pouvoirs conférés aux députés; et tous les sept ans, renouveler la Chambre par une réélection intégrale:

Tels sont, DIT-ON, les changements qui doivent être proposés.

1°. Le doublement de la Chambre des députés n'est point contraire à la Charte. L'article 36 laisse la porte ouverte aux changements par une expression indéterminée. « Le nombre des députés, dit-il, sera tel qu'il a été *jusqu'à présent.* » On sait que le nombre des députés élus par le peuple a varié plusieurs fois, depuis la convocation des États-Généraux en 1789, jusqu'aux élections de 1816.

Dès long-temps, on a indiqué, comme le mode le meilleur pour mettre la composition de la Chambre élective en proportion avec la population de la France, de faire *élire un député par arrondissement;* sauf à augmenter le nombre des arrondissements dans les grandes villes où ils sont plus considérables que les sous-préfectures ordinaires. Ce mode aurait l'avantage de rapprocher le plus possible le député de ses commettants : avantage inappréciable dans les affaires publiques comme dans les affaires particulières.

La proposition du doublement de la Chambre, pourvu qu'on l'isole des trois autres, mérite d'être accueillie comme un bienfait de l'initiative royale.

2°. Le texte de la Charte ne s'oppose point à ce qu'on accorde une indemnité aux membres de la Chambre des députés. Mais, dans notre position, l'intérêt public s'y oppose. Ce serait attacher un *appât* de cupidité à une fonction, la plus noble de toutes, quand elle est parfaitement désintéressée. Ce serait faire sortir des rangs une nouvelle sorte de candidats, peu dignes de confiance par l'impulsion même qu'ils suivraient, en se présentant, et pour qui néanmoins voteraient dans le sens des intérêts de reconnaissance, d'amitié ou de famille plusieurs électeurs qui ne votent aujourd'hui que pour la chose publique. On briguerait, pour soi ou pour autrui, une place salariée qu'on ne cherche aujourd'hui qu'à décerner au plus digne.

Il faut (objectera-t-on) ouvrir la carrière aux hommes à qui leur peu d'aisance interdit un service gratuit : se privera-t-on volontairement des lumières et du zèle d'un Rousseau ou d'un Montesquieu, parce qu'ils ne seront pas assez riches pour supporter les dépenses d'un séjour dans la capitale?

Cette objection fut élevée, en 1791, par Robespierre et les hommes de son parti, contre le décret qui attachait au paiement d'une certaine quotité d'impositions, la qualité de citoyen actif. Si elle était fondée, elle proscrirait toute restriction au droit d'élection et au droit d'éligibilité.

Dans la réalité, rien n'oblige un député à soutenir une représentation onéreuse, il peut vivre dans la capitale aussi simplement, aussi économiquement que dans son département. Celui qui a besoin d'une indemnité pour assister à la session, aura probablement besoin d'une place pour retourner chez lui.

L'impatience qu'ont les députés de voir finir la session, et de terminer un service gratuit qui les détourne du soin de leurs affaires particulières, multiplie les demandes de congé, et conduit à tronquer les discussions, pour en hâter le résultat.

On s'est plaint, il est vrai, de *clôtures de discussions* prononcées précipitamment : mais jusqu'à présent, on n'en a point accusé les députés qui n'ont pas le moyen d'étaler quelque faste à Paris ; tout au contraire. L'indemnité ne changerait donc rien à cet égard.

Si, d'ailleurs, elle est annuelle, elle ne diminue point l'impatience de clore la session, chez ceux qui seraient accessibles à ce sentiment peu honorable : il est plus commode de gagner son traitement chez soi, en se livrant à ses propres affaires, que de le dépenser à Paris, en suivant des séances et des travaux fatigants. L'indemnité ne sera-t-elle accordée que pour la durée de la session? Dès que l'on suppose que les considérations d'un intérêt sordide, influeront sur la conduite des députés, on doit croire qu'ils feront tout pour traîner les affaires en longueur et prolonger la durée lucrative de la session.

L'indemnité ne préserverait pas non plus de la corruption les hommes corruptibles. Six ou huit mille francs annuels, et qu'on ne doit percevoir que pendant sept ans, n'ont point tant de pouvoir : c'est tout au plus, si on pourrait l'espérer d'une indemnité énorme et viagère, et dans ce cas même, une pièce d'or ajoutée à cent mille autres, quelques vains honneurs, une place accordée à un fils ou à un gendre, séduiront, malgré l'indemnité, l'homme avare, orgueilleux ou ambitieux. On a vu de 1800 à 1813, ce qu'étaient, avec dix mille francs de traitement annuel, les membres du corps législatif, quoiqu'ils votassent *sans parler, et au scrutin secret*, et qu'ainsi la servilité eût une excuse de moins.

3°. Rien de plus soutenable en théorie que de fixer à trente ans où même à vingt-cinq l'époque de l'éligibilité. Mais l'article 37 de la Charte s'y oppose formellement.

Bons citoyens, qui, aux termes de cet article, avez encore deux lustres à attendre, avant que nos suffrages vous ouvrent l'entrée du temple des lois; voudriez-vous voir abréger ce temps par une atteinte mortelle portée à la Charte? Non! les sentiments qui vous rendent dignes de siéger au sein de la représentation nationale, vous prescrivent d'être les premiers à repousser cet avantage apparent qui serait le principe d'une ruine réelle.

4°. Un parlement *septennal* serait le tombeau de la liberté.

S'il existait beaucoup d'âmes tellement fortes, tellement élevées, que la séduction du pouvoir, de la faveur, des richesses, n'eût aucune prise sur elles, ce ne serait point une durée de sept ans qu'il faudrait assigner aux fonctions des députés que recommanderait un avantage si rare, mais la vie entière; il faudrait en même temps, prier Dieu de les rendre immortels; ce ne serait pas une merveille beaucoup plus grande que de rencontrer un tel nombre d'hommes incorruptibles. Mais si nous rentrons dans le domaine des réalités, nous voyons les hommes les meilleurs s'habituer, à la longue, au pouvoir qui leur est délégué, l'identifier peu à peu à leur existence, et finir par croire, plus ou moins, qu'ils peuvent l'exercer *pour eux*. Ce n'est que par la fréquence des renouvellements, par la chance toujours prochaine de rentrer dans les rangs de la multitude que l'on peut préserver les élus de la nation de cette disposition malfaisante. Que serait-ce si à l'assurance d'une durée septennale, se joignait la douceur d'un traitement annuel? La Chambre des députés risquerait de n'être plus qu'un écho du Conseil d'état.

On se plaint de l'influence que peuvent exercer sur les votes des députés les places qu'ils obtiennent et celles qu'ils espèrent. Je m'arrête à regret sur cette supposition odieuse. Mais l'histoire bien connue du parlement d'Angleterre prouve que ce peut être plus qu'une supposition. Il est sûr aussi qu'en France, un grand nombre de places ont été accordées à des députés qui avaient constamment voté dans le sens du ministère; il est sûr que la destitution de M. Dupont de l'Eure a pu inspirer, à ceux qui craignent de perdre leurs places, quelques réflexions sur les conséquences d'un vote indépendant. Plus la durée des fonctions est courte, et le renouvellement prochain, et moins une telle influence est à craindre. Il faudrait trop d'or et trop de places pour attaquer avec succès les nouveaux élus que le peuple opposera chaque année à l'ambition ministérielle. Les places même, dans ce système, diminueraient de valeur; on craindrait de les perdre, dès qu'on ne serait pas réélu, et de se voir remplacé à la fois sur les bancs de la Chambre et dans la *direction* ou l'*inspection* que l'on aurait cru obtenir pour la vie, et qui devrait servir à l'achat d'un nouveau vote.

Supposez, au contraire, une Chambre qui durera sept années *sans changement;* il suffit de bien faire ses conditions la première année pour être sûr d'une majorité constante pendant les six autres. Les places, les faveurs reprennent aussitôt toute l'importance que leur assure une perspective de stabilité. En bien jouir, et mériter par sa condescendance que le ministère favorise, à l'expiration des sept années, une *réélection* à laquelle il sera lui-même intéressé par des motifs d'*économie*, voilà le rôle *écrit* d'un député qui aurait bu une fois dans la coupe de la corruption.

J'ai parlé de *réélection*, à l'expiration des sept années....... On peut demander si elle aurait lieu? L'article 37 de la Charte une fois violé, est-il sûr que l'on respectât l'article qu'on y aurait substitué? Ce qui autorise à en douter, c'est le motif même qu'on assigne à cette innovation.

Chaque année, dit-on, les élections excitent des mouvements en France........ Les faits qui se sont passés sous nos yeux démentent cette allégation. S'il y a eu du *mouvement*, c'est de la part des autorités qui voulaient soumettre les élections à leur influence. Tout s'est passé d'ailleurs dans le calme le plus profond. J'ose dire, qu'en vain, se servirait-on d'*agents-provocateurs*, on n'obtiendrait pas que les citoyens gâtassent par des troubles les beaux jours où ils exerçent leurs droits politiques, et où ils concourent par de bons choix au salut de la patrie.

A l'époque des élections, j'en conviens, les âmes s'électrisent dans tout le royaume; car tous les départements s'associent par leurs vœux, à la tâche de ceux qui doivent élire. Les communications deviennent plus fréquentes et plus intimes. L'esprit public se prononce. On prouve, de la manière la moins douteuse, c'est-à-dire, par les actions, ce que l'on pense et ce que l'on désire. Alors ou jamais, les ministres peuvent connaître cette opinion publique qu'il leur importe tant de suivre, quand ils n'ont pas eu le bonheur de marcher devant elle. L'approbation ou l'improbation du passé, et l'indication de la route que doit suivre l'avenir, quoique indirectement exprimées, n'en sont ni moins claires ni moins instructives.

Mais si les ministres ne peuvent supporter ces prétendus mouvements, qui ne sont pas même de la fermentation; si leur délicatesse en est fatiguée, si leur timidité s'en effraie, que feraient-ils, lorsqu'ils faudrait assembler la France entière, pour élire, à la fois, tous ses députés, pour exercer un droit dont la jouissance serait rendue plus désirable par la lenteur de son retour septennal, en même temps qu'un si long intervalle empêcherait qu'on fût instruit par l'expérience à en profiter de la manière la plus convenable au bien général? Les hommes qui pâlissent à l'aspect d'élections *par cinquièmes*, réparties sur la surface de la France entre des départements éloignés les uns des autres, de quel œil verraient-ils cette opération commencer à la fois sur tous les points de la France? ils croiraient ou feindraient de croire que l'État va s'abymer; et reculant devant le fantôme créé par eux, leur en coûterait-il beaucoup de proroger indéfiniment les pouvoirs de la Chambre, de lui conférer le droit de remplir elle-même les vides que la mort produirait dans son sein; à moins qu'ils n'aimassent mieux garder ce droit pour eux-mêmes?

Une erreur en appelle un autre. Si on touche à la Charte, si on ôte une pierre de l'édifice, il n'y a plus de raison pour que l'édifice entier ne soit pas renversé.

Quel besoin cependant, quelle nécessité pressante ordonne de porter la main sur l'arche sacrée?

L'imperfection est le cachet des ouvrages des hommes; la Charte peut avoir des défauts; mais les connaissons-nous bien? Tous les Français, en état de les discuter et de les juger, s'accorderaient-ils pour les signaler? en le supposant même, la sagesse ne nous prescrirait-elle pas d'attendre, pour les réformer, la décision d'un oracle moins faillible que nous, l'*expérience?*

La Charte date du 4 juin 1814 : les cinq ans qui se sont écoulés depuis ont-ils appartenu au régime constitutionnel? Si on en soustrait le temps qui a été dominé par les événements ou par les lois d'exception, combien d'années, combien de mois resteront pour former notre expérience? Nous sommes d'hier : et peuple et magistrats, nous avons à peine éprouvé nos institutions; et déjà on nous propose d'en changer les bases fondamentales, comme si des siècles les avaient rendues caduques! La démocratie la moins nombreuse, la plus délirante, n'offrirait pas l'exemple d'une si prompte versatilité.

Aux conséquences funestes et qu'entraînerait partout cette manie d'innover, se joindraient pour la France, des conséquences particulières non moins redoutables.

D'où naît la puissance des lois? du respect des peuples. A cet appui ne supplée point la force du glaive; car le glaive (les peuples en ont l'expérience) peut briller pour renverser les lois comme pour les soutenir. Nous sommes habitués en France, depuis six lustres, à voir des constitutions à peine établies s'altérer, tomber et se succéder les unes aux autres : cette habitude, si propre à éloigner le respect, est aujourd'hui heureusement interrompue; la nation ne voit de sécurité que dans l'immuable fixité de la Charte; si, à la fixité, on substitue déjà l'innovation, doit-on se flatter que le respect, la confiance, l'attachement universels, consolident un pacte social que l'on aura altéré presque aussi promptement que ceux qui l'ont précédé?

Marchant en sens contraire de la nation, un parti qu'enhardit notre indulgence, affecte de ne voir dans la Charte constitutionnelle qu'une loi de circonstance, un passage vers un autre ordre de choses. Si les articles 37 et 38 de la Charte étaient changés, ce parti obtiendrait la victoire. Ce qui aurait été possible une fois le serait toujours. La Charte n'aurait rien que de transitoire : et cette base de la paix publique, en France et peut-être en Europe, ne reposerait plus que sur des nuages qu'un souffle pourrait dissiper.

On nous cite souvent l'exemple de l'Angleterre. Nous pouvons le citer à notre tour. En 1716, une loi accorda aux parlements sept ans de durée au lieu de trois : ce jour-là, l'Angleterre perdit le fruit principal de la révolutionde 1688.

Les bons esprits le sentirent ; les patriotes firent entendre leurs réclamations. Pour les apaiser, on rendit une loi qui excluait du droit de siéger dans la Chambre des communes quiconque recevrait une pension de la cour. La cour ne donna plus de pensions, mais des places, dotées de riches traitements, et la plupart sans fonctions (*sine cures*) : et la majorité du parlement septennal tomba de plus en plus dans la dépendance des ministres.

Dans la crise actuelle de l'Angleterre, les citoyens éclairés pensent que, pour calmer bien des passions, rassurer bien des craintes, prévenir bien des troubles, il suffirait de joindre à des élections plus justement réparties, le rétablissement des parlements triennaux..

Dans la discussion lumineuse (1) qui précéda

---

(1) Si les propositions que je combats doivent en effet

l'adoption du bill de 1716, les défenseurs de la liberté s'écrièrent hautement qu'il était contraire à la constitution. Cela était vrai *de fait*, mais non pas dans la rigueur des termes. Ce bill ne faisait qu'en rapporter un autre, passé en 1695, par un parlement qui lui-même durait depuis cinq ans : et l'histoire d'Angleterre prouve que la courte durée des parlements était plus conforme aux principes qu'à un usage invariablement suivi. On ne pouvait donc contester au parlement le droit de révoquer un acte émané de son autorité.

Telle n'est point notre situation. Qui pourrait, en France, changer légitimement les articles 37 et 38 de la Charte constitutionnelle ? Les trois branches de la législature ? La Charte n'est point leur ouvrage. Proclamé par le Roi, avidement saisi par la nation, cet acte est hors de l'atteinte d'un pouvoir que lui-même a constitué. On ne cite aucune disposition qui donne à la législature le droit d'y toucher. Et certes, on peut affirmer, sans crainte de se voir démenti, que, depuis l'ordonnance du 5 septembre 1816 et la bienfai-

---

être présentées à la session prochaine des Chambres, il serait à propos de réimprimer cette discussion telle qu'elle nous a été transmise par les historiens, et particulièrement par le continuateur de RAPIN THOYRAS, *Hist. d'Angleterre*, tom. XIII, pages 106-114.

sante loi des élections, le peuple français a cru confier à ses députés la mission de veiller au maintien de la Charte, et non celle d'y apporter aucun changement.

On regrette de ne point trouver dans la Charte un article qui règle *dans quel temps et de quelle manière* on pourrait faire à notre acte constitutionnel des changements dont le temps aurait démontré la nécessité. Mais quel bon citoyen ne préférera cette lacune, à une disposition qui permettrait de corriger la Charte dans tous les temps, et *à la simple majorité* des voix.

Il suffirait d'*une voix*, dans la Chambre des députés, fatiguée et diminuée de nombre par la durée d'une longue session, effrayée par des périls réels ou imaginaires, gagnée par des promesses, séduite par des concessions..... que l'on saurait bientôt éluder, comme on le fit en Angleterre il y a un siècle; il suffirait d'*une seule voix* pour détruire successivement tous les articles de la Charte!

Détruire, ai-je dit....., et pourtant la Chambre des Pairs discuterait ces changements? Mais le nombre de ses membres est illimité, et nous savons comment, en pareil cas, on pourrait s'assurer une majorité constante. Nous avons applaudi à l'emploi de cette ressource dans un moment décisif pour le salut de l'État. Hésiterait-on à l'employer, et pour la motiver, s'autoriserait-on moins de la gravité des conjonctures, s'il s'agissait de faire à la Charte des changements bien importants, sans doute, et probablement bien désastreux?

Mais doit-on renoncer à toute possibilité de réforme, dans le cas où la France entière en sentirait le besoin.

L'expérience, je ne puis trop le répéter, l'expérience, confirmée par le temps, donnera seule quelque poids à un pareil sentiment. Que la loi fixe d'abord un intervalle de dix ou quinze ans, avant que l'on ne puisse proposer aucun changement au pacte social.

Ce terme expiré, si ce changement était jugé indispensable, les citoyens, *dans mon opinion*, devraient être appelés à voter *directement* sur la réforme proposée. La Charte est devenue leur propriété, l'héritage sacré qu'ils doivent transmettre à leurs descendants. Un engagement synallagmati que entre tous les membres de la société, nous lie à *la Charte toute entière* : un serment solennel en est le gage. Pouvons-nous, Français, en être déliés sans notre participation, sans notre volonté?

Que si une expression *directe* du vœu général paraît trop contraire à la nature d'une constitution représentative, où la nation borne *à élire* l'exercice de ses droits et fait tout ensuite par ses délégués, le choix de ceux-ci, et le mode de leurs délibérations, doivent au moins se ressentir de l'importance de la décision qu'ils sont appelés à prononcer.

Je voudrais donc, 1°. que la réforme fût proposée un an d'avance, afin que les citoyens en fissent l'objet de leurs méditations; que l'opinion publique eût le temps de se mûrir, et de prendre sur les élections devenues *spéciales* en ce cas, toute l'influence qu'elle doit avoir;

2°. Qu'entre l'annonce du projet de réforme et la décision des Chambres, qui l'admettraient ou le rejetteraient, il ne fût point créé de nouveaux Pairs;

3°. Qu'avant la session où les changements seraient discutés, la Chambre des députés fût dissoute, afin qu'elle n'abordât la question qu'après avoir été renouvelée en entier, et composée dans le sens de l'opinion générale;

4°. Que, dans les deux Chambres, les changements ne pussent être admis qu'aux trois quarts, ou au moins aux deux tiers des suffrages.

A ces propositions, très-susceptibles d'être améliorées, chacun peut en substituer d'autres pour arriver au but. L'important est que le but soit le même pour tous; que tous soient bien pénétrés de la nécessité de donner la plus grande stabilité possible à nos institutions fondamentales; que tous sentent bien qu'une amélioration est achetée trop chère, quand elle entraîne après elle le danger d'une subversion totale.

Je n'ignore pas de combien de développements cette discussion est susceptible; mais, je m'arrête dans l'espoir que je n'ai combattu que des chimères. Puisse, en effet, l'idée d'apporter des modifications à la Charte n'être éclose que dans les cerveaux de spéculateurs oisifs, ou de conseillers malfaisants !

S'il en était autrement, si l'on avait résolu de soumettre à la discussion des Chambres des changements aux articles 37 et 38 de la Charte, je ferais des vœux pour que ma faible voix parvînt jusqu'aux dépositaires du pouvoir, qu'elle ne fatiguera jamais de flatteries ni de sollicitations.

Ministres du roi auteur de la Charte, respectez son ouvrage, leur dirais-je; n'en sapez point l'immortalité !

Détournez vos yeux de ce parti, que jusqu'ici vous avez eu la faiblesse de ménager et de craindre, de ces hommes qui se prétendent exclusivement *monarchiques*, et qui sont les pires ennemis du monarque pour qui ils voudraient ramener les jours de Louis le Débonnaire et de Charles le Simple. *Vous avez l'honneur d'être* Français !... Pensez à la France ! Renoncez à l'idée de livrer votre patrie à de nouveaux orages: conséquences inévitables de toute atteinte portée à la Charte. Regardez autour de vous, vos contemporains ont passé leur vie dans les bouleversements et les troubles: les condamnerez-vous à la finir dans les troubles et les bouleversements, et ne leur laisserez vous léguer aux générations qui les suivent, au lieu d'un bonheur tant de fois promis, que des dissentions et des tempêtes ?

Vous le voudriez en vain; le cri de la nation entière, le vote courageux des élus de la nation, repousseraient cette tentative homicide, et ne laisseraient à ses auteurs que le discrédit et la haine universelle: juste prix d'une attaque dirigée contre le pacte social des Français.

www.ingramcontent.com/pod-product-compliance
Ingram Content Group UK Ltd.
Pitfield, Milton Keynes, MK11 3LW, UK
UKHW031950260826
14628UKWH00004B/1977